AF562886

Aux Gardes Nationaux.

LA REPRÉSENTATION

NATIONALE.

> Il est constant que les députés du clergé et de la noblesse ne sont point les représentants de la nation ; ils sont donc incompétents à voter pour elle.
>
> SIEYES. (*Qu'est-ce que le tiers-état ?*)

A. Jeandel, avocat.

PRIX : 40 CENTIMES.

PARIS.
CHEZ L'AUTEUR,
RUE JARENTE, N° 9, PRÈS SAINT-PAUL.
DEPOT CHEZ
EBRARD, RUE DES MATHURINS SAINT-JACQUES, 24.
ROUANET, RUE VERDELET, N° 6.
ET CHEZ LES MARCHANDS DE NOUVEAUTÉS.

1838.

IMPRIMERIE DE MOQUET ET COMP., RUE DE LA HARPE, 90.

LA
REPRÉSENTATION
NATIONALE.

> Il est constant que les députés du clergé et de la noblesse ne sont point les représentants de la nation ; ils sont donc incompétents à voter pour elle.
>
> SIEYES (*Quest-ce que le tiers-état?*).

La représentation nationale se compose de tous les membres de la nation intéressés à la prospérité publique, et capables de faire connaître leur volonté : tout état dans lequel un membre réunissant ces deux conditions n'est pas appelé à connaître et délibérer des affaires du pays, soit par lui-même, soit par son représentant, cet état, dis-je, n'a pas de représentation nationale. Il peut y avoir réunion et conseil de privilégiés, représentation de certaines classes du peuple, mais il n'existe pas là l'égalité politique qui donne à tous le droit, sinon de voter eux-mêmes, au moins de choisir des députés auxquels ils confient leurs intérêts. L'homme de la classe pauvre, comme celui de la classe riche, a des droits à faire valoir, sa voix doit être entendue; il fait partie de la grande famille, il est admis à décider ce qui est utile à la famille; ses intérêts sont aussi sacrés que ceux du riche, peut-être le sont-ils davantage; et qu'importe à ce dernier le bien-être général : il est sûr de se procurer avec de l'or les jouissances et les plaisirs qu'il convoite, il se soucie peu de la prospérité générale; l'homme du peuple, au contraire, n'est heureux que du bien-être commun : les améliorations dans la nourriture, le logement, l'habillement de tous, se font sentir dans son ménage; sa richesse est dans la richesse du pays, sa gloire dans la prospérité de la nation, dans la beauté des monuments qui l'entourent, il les montre avec orgueil. Plus égoïste, le riche ne goûte que les plaisirs qui lui sont particuliers; l'homme du peuple se réjouit de la joie commune, il n'est heureux que lorsque le pays est calme et prospère. Quel est donc le plus intéressé à s'occuper de la prospérité générale ? Qui des deux doit être admis à la représentation nationale ?

Il est juste d'appeler à prendre part aux élections tous ceux qui ont intérêt au bien général; ils apporteront plus de soin et seront plus consciencieux dans leur choix. Il est un autre principe qui jusqu'à ce jour a été admis en France : la quotité de la contribution a été le seul mode pour accorder le droit d'élection (1), et encore n'a-t-on considéré qu'une

(1) Le système de l'élection est établi sur une base tellement

face de la question; on s'est attaché à la contribution pécuniaire, et les autres ont été négligées. C'est là une omission, une erreur grave que nous devons signaler.

Pour nous, qui réclamons pour tous la liberté et l'égalité politique, nous regardons comme plus fécond en heureux résultats le principe qui admet à la représentation ceux qui y sont intéressés; cependant nous ne repousserons pas le principe de la contribution, qui nous semble juste aussi, d'autant plus qu'à notre avis, ces deux principes se trouvent liés intimement; c'est-à-dire que ceux qui sont le plus intéressés au bonheur général sont aussi ceux qui supportent le plus de charges. Nous adopterons cette maxime : « A tous les mêmes devoirs, à tous la jouissance des mêmes droits. »

Voyons quels sont les devoirs des citoyens; nous rechercherons après quels sont leurs droits.

Le premier devoir personnel est celui de garde national.

La garde nationale est la réunion des citoyens intelligents, laborieux et honnêtes; c'est le peuple. Elle est établie pour l'indépendance et la sûreté du pays, la paix publique, l'exécution des lois, le main-

vicieuse, que les hommes auxquels on reconnaît assez de capacité pour faire partie du jury, c'est-à-dire la fonction la plus importante, celle de juger leurs concitoyens, ne présentent pas assez de garantie pour être admis à choisir leurs députés.

tien à chacun de ses droits, la liberté enfin; ses rangs ne sont ouverts qu'aux hommes à la bravoure et à la loyauté desquels la société peut se confier; aussi la loi a pris soin d'écarter tous ceux qui ne lui offraient pas des garanties suffisantes; elle a exclu de cette milice ceux qui sont privés des droits civils, l'homme coupable de quelque acte contre l'honneur, celui enfin qui, attaché au service de quelque personne, ne jouit pas d'une indépendance parfaite. C'est que le législateur avait compris toute l'importance de cette institution; il pensait bien que ceux qui en feraient partie jouiraient des droits politiques, il n'a pu se défier de l'homme auquel il donnait des armes pour la sûreté publique.

Si ce service est un devoir, il est un honneur aussi, et aucune fonction ne devrait être accordée à celui qui ne justifierait pas du service de la garde nationale.

Tous les citoyens font partie de la garde nationale; c'est un impôt égal pour le riche et pour le pauvre, parce qu'il est personnel, mais qu'il diffère dans ses résultats : pour six jours de garde dans un an, le propriétaire voit ses biens confiés à la surveillance de tous les citoyens; cette institution lui assure la conservation de son patrimoine, elle lui donne des garanties de tranquillité pour le recouvrement de ses revenus, ses opérations de commerce ou de finance. Il n'en est pas ainsi pour le marchand et l'ouvrier, pour tous ceux que comprend cette classe d'hommes laborieux auxquels l'industrie ou le travail donne le pain de la journée, économisant sur le produit de chaque jour pour se composer un pécule, ces hommes chez lesquels on trouve probité et moralité, parce que le travail nous rend moral; il n'en est pas ainsi enfin pour ces hommes formant la masse de la garde nationale et composant véritablement le peuple. Sont-ce leurs biens, leurs propriétés qu'ils gardent la nuit? Ont-ils à craindre comme l'homme riche? N'est-ce pas ce dernier qui est en but aux attaques des voleurs?

Ce n'est pas que l'homme du peuple soit moins intéressé à la tranquillité et à la sûreté publique que le riche; il tient autant à son petit avoir que le riche à ses millions; mais il suffit lui-même à la garde de ce qu'il possède; il ne demande pas le secours du riche, pourquoi irait-il lui donner son appui? Si la garde nationale ne confère aucun droit à ses membres, on peut dire avec vérité, que c'est un impôt frappant sur le pauvre au profit du riche, utile seulement à l'un, onéreux à l'autre.

Voyons quels sont les autres devoirs des citoyens. La garde nationale, avons-nous dit, est le peuple, et cette pensée est vraie; elle est le peuple, parce qu'elle réunit tous les citoyens, parce qu'elle est la force et le soutien de la France; c'est le peuple veillant à la liberté et à la paix publique. Tous ceux qui font partie de la milice citoyenne prélèvent une partie de leurs économies pour revêtir l'habit national, et la dépense est la même pour tous, quelle que soit leur fortune. Mais ce qui n'est plus égal, ce sont les services que le garde national, homme du peuple, rend à son pays: il a payé de son sang l'indépendance nationale; les six plus belles années de sa vie, il les a données à la France son sacrifice a été entier, il a quitté l'habit militaire, sans avoir gagné une obole; sorti à peine des rangs de l'armée, vous l'appelez dans ceux de la milice nationale; il a défendu ses concitoyens au dehors, il les protége au dedans; et cet homme dont la vie entière est donnée à l'état, ne peut pas faire entendre ses vœux, il est incapable de faire un choix pour son représentant, parce qu'en servant son pays, il a négligé ses intérêts; il est trop pauvre pour avoir des droits.

L'homme opulent n'a souvent qu'un fils unique, l'homme du peuple a de nombreux enfants; ils sont forts et bien constitués; ce n'est pas eux qui seront exemptés du service militaire; la force de l'état réside dans l'homme du peuple; c'est à lui que le riche vient demander du pain, des vêtements, tout ce qui est nécessaire à l'existence; c'est à lui qu'il a recours pour avoir tout ce que le luxe ou l'habitude lui rendent indispensable; c'est donc l'homme du peuple qui est le plus utile, c'est donc lui qu'il faut consulter, c'est lui qui sait ce qui convient à l'agriculture, à l'industrie, au commerce.

Rien n'est étranger au peuple, à lui toutes les gloires : c'est parmi ses enfants, que se recrutent ces hommes célèbres auxquels la France est redevable de ses découvertes dans les arts et dans les sciences; c'est de son sein que sont sortis ces généraux qui ont défendu le pays, ces peintres, ces architectes, ces savants qui ont illustré la France; les enfants du peuple savent tout ce qui est utile, et il n'ont pas le droit de le faire connaître. Et vous que la France cite parmi ses grands hommes, vous qui n'étiez pas propriétaires, Molière, Rousseau, Sieyes, Bailly, Franklin, vous n'auriez pas été admis à choisir vos députés; et toi, notre poète national, Béranger, toi toujours rêvant le bonheur de la France, tu t'es peut-être présenté un jour pour nommer ton député, et l'on t'a demandé ta cote d'impositions!

Aux riches seuls, élevés loin de l'industrie, le droit de décider ce qui convient à l'industrie, de faire connaître les besoins du peuple, les crises du commerce ; à eux, parce quils paient 200 fr. d'impôt, le droit de donner des représentans à la nation... Le principe est moral et utile au pays !

La classe riche jouit seule des droits politiques, parce quelle est seule, dit-elle, à supporter les charges.

J'ai établi le contraire : c'est le peuple qui supporte toutes les charges, les charges personnelles surtout, les plus onéreuses. « Mais nos 200 fr. d'impôt..! Qui les paie en définitive ?

Cet impôt frappe sur l'immeuble du riche ; mais lors de l'acquisition de la propriété, l'acquéreur en a calculé le revenu, déduction faite de l'impôt, et il a soin de le répartir sur le locataire et sur le fermier ; il loue de manière à ce qu'aucune partie ne reste à sa charge ; c'est le locataire qui en définitive le supporte en entier.

L'impôt personnel est égal ; celui-là, le riche est obligé de le payer comme l'homme du peuple.

Reste l'impôt principal, l'impôt indirect, omis dans le calcul fait pour devenir électeur, parce que le peuple alors eût été appelé à nommer ses représentants. L'impôt le plus fort est celui du sel ; il frappe presque en entier sur les hommes du peuple, dont les mets ne sont pas aussi bien préparés et ont plus besoin d'être relevés : le fermier en a besoin pour ses terres, pour ses bestiaux ; enfin l'homme du peuple a cinq ou six enfants, et il contribue cinq ou six fois plus que le riche à l'impôt du sel. Je ne parlerai pas de l'impôt du tabac et des autres qui ne sont productifs qu'autant que le peuple les paie. Quant à celui du vin, l'homme riche paie pour sa bouteille de Champagne ou de Bordeaux autant, mais pas plus, que le malheureux pour du vin qui vaut six sous. Je ne blâme pas le fait, s'il est impossible de le changer ; j'établis seulement que le riche ne paie pas plus d'impôt que l'homme du peuple.

Que l'on comprenne bien, que si nous nous sommes servis de ces mots, classe riche, classe pauvre, c'est que c'est la seule distinction admise par la société : aux premiers, elle a accordé tous les privilèges ; aux seconds elle n'a rien donné. Par classe pauvre, ou le peuple, nous entendons, tous ceux qui jouissant même d'une certaine aisance, marchands, ouvriers, ne sont pas assez fortunés cependant, pour avoir la jouissance des droits politiques ; nous avons trouvé cette démarcation toute faite; pour être vrai, nous avons dû la prendre telle qu'elle existait. Quant aux riches dont nous nous trouvons les adversaires en voulant faire monter jusqu'à eux l'homme laborieux et intelligent, ce n'est ni par haine ni par jalousie que nous les combattons : respect à leurs propriétés ; car le peuple qui travaille pour acquérir et conserver veut aussi des garanties de stabilité ; nous sommes prêts à leur prêter notre appui pour la défense de leurs biens ; mais nous attaquons les privilégiés. Protection à toutes les fortunes ! Guerre aux privilèges.

Avant 89, ni les nobles ni le clergé, c'est-à-dire les propriétaires, ne payaient d'impôts; ils en étaient dispensés. Le tiers-état supportait toutes les charges. En 89, le clergé et la noblesse furent vaincus et dispersés ; depuis ils n'ont pu se rétablir, parce que la richesse leur a manqué ; ne nous occupons pas des folles idées qui tendraient à les reconstituer.

Après 89, après la victoire, la classe qui avait appelé le peuple au combat et avait vaincu par lui, s'en sépara : elle possédait la richesse, elle s'empara du pouvoir ; le piédestal de la noblesse était vacant, elle voulut l'occuper, et depuis c'est l'argent qui a régné. Aussi qui a le droit d'avoir des représentants ? l'argent. Qui peut être représentant ? l'argent ; qui se partage le budjet après l'avoir voté ? l'argent. Mais qui paiera l'impôt voté par l'argent ? ce n'est pas lui sûrement.

Il est temps sans doute que le pouvoir du métal finisse, et que commence celui de l'intelligence et du travail.

Déjà la lutte existe entre l'industrie et la propriété ; celle-ci sent bien que son sceptre va lui échapper, que son règne est fini, que son adversaire s'élève en portant dans son sein les germes de la richesse et de la puissance ; elle l'oppresse alors en l'accablant sous les charges : l'industrie se plie sous mille formes pour se dégager ; partout elle retrouve une main de fer qui la retient ; elle résiste avec des efforts inouïs, brisant quelquefois ses chaînes, mais succombant le plus souvent ; elle agite ses mille bras actifs, son corps s'épuise en travaux stériles : c'est que sur ce corps vigoureux, il y a une tête d'argent, qui n'a aucune communication avec les fibres, par où lui arrivent des sensasions d'intelligence. A ce corps industriel donnez une tête industrielle qui puisse coordonner les mouvements du corps ; donnez à la France des représentants qui comprennent et l'industrie et le travail, c'est-à-dire des hommes élus par ceux qui se livrent à l'industrie et au travail, et alors recevant l'impulsion d'en haut, l'industrie grandira, et bientôt sera la première puissance.

Mais la classe propriétaire du sol est sourde à la voix de l'industrie, à celle du commerce ; elle répète encore ce que s'écriait dans l'assemblée constituante Cazalès, le défenseur des nobles, dont les riches ont pris la place, Cazalès qui depuis avec les nobles porta les armes contre son pays : « Tous les impôts portent sur les propriétaires des terres ; serait-il juste d'appeler ceux qui ne possèdent rien à fixer ce que doit payer ceux qui possèdent ? Le négociant est citoyen du monde entier et peut transporter sa propriété partout où il trouve la paix et le bonheur ; le propriétaire est attaché à la glèbe, il doit donc posséder tous les moyens de soutenir, de défendre et de rendre heureuse son existence. » Ainsi, gardes nationaux qui n'êtes pas propriétaires, vous n'êtes ni citoyens ni Français. On ne s'exprime plus avec la même franchise, mais au fond les 200 fr. d'impositions renferment la même idée. Les non propriétaires ne sont citoyens que pour supporter les charges publiques, servir la patrie, protéger les lois, veiller à la sûreté générale; là se bornent leurs droits : ils ne sont actifs que pour servir et non pour jouir.

Puisque les hommes composant la garde nationale se livrent tous les jours à l'agriculture, à l'industrie, au commerce, qu'ils sont les plus intéressés à leurs progrès, qu'ils sont les plus dévoués à la patrie, que ce sont eux qui supportent les charges de l'état et paient la plus forte partie de l'impôt, puisqu'ils sont les plus travailleurs et les plus probes et les plus moraux, voyons quels sont leurs droits.

Prennent-ils part à la confection des lois? Non.

Au vote et à la répartition du budjet? Non.

Nomment-ils au moins un des leurs pour les représenter, pour défendre leurs intérêts qui sont ceux de la nation? Non. Il faut que les députés soient pris dans les classes riches; ainsi la classe pauvre sera représentée par un homme opulent qui ne connaîtra pas ses besoins, dont les intérêts seront tout à fait distincts des siens; qui, en votant l'impôt, se trouvera dans cette alternative, ou de le faire supporter par les riches dont il fait partie, ou sur le peuple dont il est l'élu; et, quel sera son désintéressement, si c'est sur lui-même qu'il fait peser l'impôt? Ainsi le peuple est représenté par un mandataire dont les intérêts sont opposés aux siens, et à la conscience duquel il doit se confier.

Mais, que dis-je! la position du peuple n'est pas encore si favorable; il pourrait choisir parmi les riches des hommes intègres, à la bonne foi desquels il se fierait ; il est dangereux cependant de placer un homme entre ses serments et son intérêt. Au moins il aurait des députés.

Le peuple ne prend pas part à l'élection, il n'a pas de députés.

Celui qui est chargé de la défense des lois, n'a pas le droit de choisir les législateurs ; celui qui ne vit que de son industrie, si intéressé à la prospérité publique, que le moindre trouble va jeter dans la gêne, ne peut concourir à l'élection du mandataire qui cherche à rendre la France florissante ; celui qui paie le plus d'impôts, et n'en prélève rien ni pour lui ni pour ses enfants, ne peut choisir l'homme qui votera le budjet et en ordonnera la répartition (1).

Quels sont donc les droits de ces hommes qui composent la nation ? Ils n'en ont pas.

Ils n'en ont pas ; eh quoi ! vous osez leur confier des armes ? Ils ont respecté vos lois, ce sont des hommes prudents et sages ; celui qui prend quelque part au gouvernement veut le soutenir, c'est son ouvrage, il doit le défendre ; il peut supporter ses souffrances avec résignation, dans l'attente du jour où son mandataire défendra ses droits ; il ne souffrira pas que l'homme de son choix soit attaqué ; c'est avec orgueil

(1) « Le budjet doit être fait par ceux qui versent le plus dans le trésor public et qui en tirent le moins. »

CATÉCHISME DES INDUSTRIELS.

qu'il montera la garde devant la chambre de ses députés, tandis qu'on ne peut imposer cette tâche à celui qui n'a pas de députés.

Riches, vous vous refuseriez à payer l'impôt, s'il n'avait été consenti par vos députés ; vous agiriez alors en bons citoyens, et ce serait votre devoir de résister. Que diriez-vous si le peuple, qui paie la plus forte partie de l'impôt, lui, qui n'a pas de représentant pour le consentir, si le peuple se refusait à le payer ? Alors vous appelleriez ceux qui protégent les lois, vous appelleriez la garde nationale pour contraindre le peuple, c'est-à-dire le peuple pour contraindre le peuple.

Pourquoi d'ailleurs le riche est-il seul représenté, et l'homme du peuple ne l'est-il pas ? C'est que ce dernier y a plus d'intérêt ; s'il est écarté, c'est parce qu'il ferait cesser les abus dont il est victime ; c'est qu'il répartirait l'impôt également; c'est parce qu'il empêcherait que le budjet ne fût dévoré par ceux qui y contribuent le moins ; c'est parce que........ A quoi sert d'énumérer toutes les raisons que le peuple a d'être représenté ; n'est-ce pas de droit naturel ? n'est-ce pas justice ? peut-on gouverner un peuple malgré lui, lui imposer des lois qu'il repousse, le forcer à s'y soumettre ? Non certes, un pareil gouvernement ne peut s'établir que sur la force, et quand un peuple veut, la force est toujours de son côté. Le peuple seul est législateur ; c'est à lui qu'il appartient d'établir les lois, parce que la loi ne peut être que l'expression de la volonté de tous. Ceci tient à un principe devant lequel tout doit céder ; c'est le libre arbitre de chacun, l'exercice de la liberté. Le contrat social n'a jamais existé de fait ; il n'en est pas moins un principe vrai. Il appartient à chacun de choisir le pays où les lois lui conviennent ; celui qui ne veut pas se soumettre aux lois doit quitter le territoire ; mais si c'est la majorité, si c'est la masse qui se trouve lésée par la loi, elle n'a pas à quitter ; elle demeure et change la loi.

Et cette loi est bonne, parce qu'elle est émanée de tous, et qu'elle se trouve l'expression et le résultat des besoins généraux. Elle est, en outre, l'œuvre d'hommes consciencieux et instruits ; le peuple ne s'y trompe pas, c'est lui qui sait le mieux découvrir l'homme de talent. Que ceux qui en doutent jettent les yeux sur notre première assemblée nationale ! Quelle est celle où se trouvèrent réunis plus de patriotisme, plus d'hommes profonds, plus d'hommes savants ! La France était encore sous le despotisme, la plus grande partie du peuple était dans l'ignorance, et cependant plus de quatre millions d'électeurs se sont concertés et ont nommé l'assemblée à laquelle n'a manqué aucun genre d'illustrations. Consultons les droits de l'homme reconnus par cette assemblée.

« Art. 3. Le principe de toute souveraineté réside essentiellement dans la nation ; nul corps, nul individu ne peut exercer d'autorité qui n'en émane expressément. »

« Art. 6. La loi est l'expression de la volonté générale ; tous les citoyens ont droit de concourir, personnellement ou par leurs représentants, à sa formation. »

Ce sont là les droits de l'homme, droits naturels, droits aussi imprescriptibles que notre liberté, que nous ne pouvons pas vendre. Toute constitution qui ne reconnaît pas ces droits est un acte vicieux, imposé par les puissants pour maintenir le peuple dans leur dépendance; c'est un acte sans force : on ne peut opposer au peuple que ce qui émane de lui.

Le droit qu'a la nation de faire des lois elle-même, n'est pas un droit nouveau ; il a toujours existé en France. Les assemblées du Champ de Mars, et plus tard celles du Champ de Mai, étaient les assemblées de la nation. Là étaient admis tous ceux qui supportaient les charges, et concouraient à sa prospérité, c'est-à-dire tous les guerriers, parce qu'alors tout membre de la nation était guerrier. Ce droit qui appartenait à nos pères, qui a pu l'enlever à leurs descendants ?

Depuis Charlemagne, les individus envoient des députés; mais le principe reste le même, et tous sont consultés et représentés.

En 1484, sous Charles VIII, les états convoqués pour subvenir aux grandes affaires du seigneur roi, lui octroyent, par manière de don, semblable somme que du temps du feu roi Charles VII, « suppliant et requérant que le bon plaisir du seigneur roi, soit de faire tenir et assembler les états dedans deux ans, car lesdits états n'entendent pas que dorénavant, on mette sus aucunes sommes de deniers, sans les appeler, et que ce soit de leur vouloir et consentement, en gardant et observant les libertés et priviléges de ce royaume. »

Si les états généraux furent convoqués par les rois, c'est que la nation avait droit de faire entendre sa voix; c'est que surtout il était nécessaire de la convoquer. Écoutons les paroles du chancelier de l'Hôpital, aux états de 1560, à la première année du règne de Charles IX : (Oh ! si la nation eût été consultée douze ans plus tard, nous n'aurions pas à gémir sur la journée sanglante de la Saint-Barthelémy.) Écoutons le chancelier; il nous apprend ce que sont les états, le bien qu'ils font : « On entend par le mot d'états généraux, l'assemblée de la nation entière, soit par elle-même, soit par ses représentants. » Et plus loin : « Il me serait facile, en parcourant les diverses tenues des états généraux, de montrer qu'ils ont opéré le salut de l'état, soit en procurant au roi des secours propres et efficaces dans les moments de détresse, soit en réformant une foule d'abus destructifs, et en donnant naissance à des lois salutaires, ou à d'utiles règlements. »

Ainsi, les états généraux sont l'assemblée de la nation entière, et non pas l'assemblée de quelques privilégiés ; et si ce mot de nation entière effraie quelques personnes, nous en trouverons une juste définition dans ce passage de Montesquieu : « Tous les citoyens doivent avoir droit de donner leur voix pour choisir le représentant, excepté ceux qui sont dans un tel état de bassesse, qu'ils sont réputés n'avoir point de volonté propre. »

Dans un tel état de bassesse ! voyez, gardes nationaux, à quel état vous réduisent ceux qui vous refusent le droit d'élection.

Et ce ne sont pas les philosophes seuls qui ont reconnu au peuple le droit de participer aux lois, cette pensée nous la trouvons dans la bouche d'un roi. Voici ce que disait Édouard Ier, roi d'Angleterre : « Il n'est point de règle plus équitable, que les choses qui intéressent tous soient approuvées par tous, et que les dangers communs soient repoussés par les efforts communs. » Certes, quand il y aura danger, la garde nationale sera de la communauté pour les repousser ; il y a plus, elle sera seule à le faire.

Terminons ces citations par une phrase d'un homme qui s'est occupé de droit politique : dans les Révolutions de Paris, Loustalot écrivait ces mots, qui peuvent servir de résumé à ce que nous avons dit : « Le but auquel tout corps politique doit atteindre, est l'exécution de la volonté générale ; pour que la volonté générale soit exécutée, il faut qu'elle soit connue ; pour être connue, il faut que chaque citoyen puisse voter dans les affaires publiques, car la volonté générale est le produit des volontés particulières. »

Nous avons parlé plus haut de l'assemblée constituante ; qu'il nous soit permis de rappeler ici les faits qui ont précédé sa vocation. Depuis 1614, les états n'avaient pas été convoqués, il fallait faire de nouveaux règlements pour les élections. Louis XVI réunit l'assemblée des notables, pour lui demander son avis ; elle fut divisée en six bureaux, qui avaient chacun à répondre sur une série de questions.

Le premier bureau était présidé par Monsieur, depuis Louis XVIII ; il répondit ainsi :

23e Question. « Tout habitant domicilié, regnicole ; majeur selon les lois de sa province, aura droit d'être électeur dans les villes et dans les communautés des campagnes. »

Motifs. On a pensé qu'il ne devait y avoir aucun sujet du roi, qui ne dût concourir ou médiatement ou immédiatement au choix de son représentant aux états généraux ; 21 voix, c. 4.

24e Question. « Faut-il prendre pour règle la quotité des impositions ? Répondu par l'avis sur la question précédente ; 21 voix, c. 4.

28e Question. « Tous les domestiques attachés à

la personne, et n'ayant pas d'autre domicile que celui de leurs maîtres, ne seront ni électeurs ni éligibles, à moins qu'ils ne possèdent des biens et ne soient unis à ce titre au rôle des impositions. »

Ce bureau déclara, en outre, que les députés du tiers-état seraient égaux en nombre à ceux du clergé et de la noblesse.

Le second bureau était présidé par le comte d'Artois, celui-là que la France a chassé une seconde fois, parce qu'il n'a pas voulu, même, entendre la voix des privilégiés. Contraint par la force de la vérité, ce bureau avait admis le principe que nous invoquons aujourd'hui; il avait répondu sur les 23e et 24e questions : Que tous les citoyens avaient intérêt aux états généraux, abstraction faite de la valeur de leur propriété et de la quotité de leurs impositions. Mais, pour détruire aussitôt le bien de ce principe, il avait repoussé la représentation du tiers-état en aussi grand nombre que les autres ordres, et à ce sujet il s'adressait au roi en ces termes : « Si Sa Majesté se déterminait à des changements, quelle foule de prétentions on verrait bientôt éclore : ordres, provinces, baillages, villes, campagnes, commerce, toutes les classes de la société formeraient des demandes, et lorsque les citoyens doivent se réunir dans un esprit de fraternité, lorsque l'affection nationale pour le souverain est plus que jamais intéressante et nécessaire, serait-il prudent de donner sujet à tant de réclamations ? »

Ce langage est celui que l'on tient encore, et il veut dire : « Si la nation est vraiment représentée, les abus qui font vivre les privilégiés auront bientôt cessé ; il faudra entendre les réclamations de tous. »

Les états furent convoqués d'après les principes posés par le premier bureau, et il est bien constant pour nous, d'après cette discussion, que tous les membres actifs de la nation, tous les citoyens avaient le droit d'élection, indépendamment des impositions.

Depuis, le gouvernement a été changé, le système représentatif a été admis en France, ce système doit-il conserver aux citoyens le droit qu'ils avaient?

Avant cet examen, posons quelques principes : Le but de toute réunion d'homme, de toute société, de toute nation, est le bonheur de ses membres, la réalisation de leurs vœux, l'exécution de leur volonté ; que cette société soit monarchique, représentative, républicaine, peu importe sa forme, tout gouvernement, quels que soient ses vices, d'ailleurs, produira d'heureux résultats si ses actes sont la réalisation de la volonté générale. Tout gouvernement qui n'admet pas ce principe est contraire à la justice, aux droits que l'homme tient de la nature, il doit être changé. Mais le gouvernement représentatif nous semble admettre nécessairement tous les membres de l'État à faire connaître leur volonté ;

sans ce principe, il ne peut exister, il est un mensonge.

Dans le gouvernement représentatif, il existe deux Chambres : l'une composée de nobles et de puissants, créée pour représenter la richesse et défendre ses droits ; quelques-uns l'appellent la Chambre haute, et comme elle se recrute parmi les familles distinguées, qu'elle appelle à elle tous les noms glorieux, et qu'elle a à soutenir les intérêts des grands contre ceux de la masse, nous l'appellerons, sans que ce nom puisse être considéré comme une injure, la Chambre aristocratique ; la seconde Chambre est chargée des intérêts du peuple ; c'est à elle à faire connaître ses besoins, à demander la réforme des abus, à faire voir la nécessité des changements, et à les obtenir de l'autre Chambre qui, fière de son passé, veut le maintenir en entier ; la Chambre populaire doit être forte pour combattre contre des noms glorieux, et sa force, elle la trouvera dans le nombre des électeurs ; elle doit être puissante de conviction pour contraindre l'opulence à faire cesser les abus qui l'ont enrichie, et cette conviction ne peut être produite que par le contact de tous membres de la nation. Il faut donc que tous les citoyens concourent à l'élection, parce qu'il existe une Chambre des grands, et qu'il doit exister une Chambre du peuple ; sans cela, la nation ne sera ni défendue ni représentée, ce sera le système représentatif des aristocraties, c'est-à-dire, l'aristocratie nobiliaire contre l'aristocratie d'argent, c'est-à-dire la lutte de deux factions pour le pouvoir, et pendant ce combat, qui songera au commerce, à l'industrie? qui parlera pour le peuple? Si la nation n'avait pas été appelée à élire ses députés aux états généraux, il faudrait, maintenant qu'il existe une Chambre des Pairs, qu'elle fût convoquée en entier pour élire ses députés.

Aux états-généraux ont succédé les Chambres législatives; le tiers-état compose aujourd'hui la garde nationale.

Et maintenant nous pouvons dire avec certitude: les gardes nationaux ont droit de choisir leurs députés.

Est-il une seule objection sérieuse à faire contre ce droit? Dans quelques provinces, dit-on, ils sont ignorants, ils sont fanatiques. Pourquoi alors leur avoir confié des armes? L'homme de leur opinion, l'homme fanatique qui les représentera sera-t-il plus à craindre, seul au milieu de l'assemblée des représentants, que cette légion d'hommes que vous avez armés cependant? Nous arriverons du moins à ce résultat, que toutes les idées du peuple, vraies ou fausses, auront de l'écho dans la chambre des représentants et seront discutées en présence du pays. Ignorant! non, le peuple ne l'est pas; depuis 89, époque à laquelle tous les citoyens ont été appelés à nommer leurs représentants, la science a fait un progrès immense parmi le peuple. Dans les campagnes même, on s'occupe déjà d'art et de science; elles sont pourtant bien arriérées; à qui la faute? c'est que les législateurs n'en ont pas connu les besoins, ils ne se sont pas occupés d'apporter un remède à leurs maux. Quelle science faut-il d'ailleurs pour nommer des députés? Que doivent être ces députés? des hommes intègres et consciencieux. Il ne faut ni science ni génie pour trouver un pareil homme; c'est celui qui a toujours été fidèle à sa parole, a satisfait à tous ses engagements, celui qui a donné des preuves d'un caractère ferme et loyal. Il faut des députés qui connaissent les besoins de l'agriculture, ses ressources; le bon agriculteur, celui qui, en restant honnête homme, a su acquérir une honnête aisance, a fait prospérer ses travaux, s'est montré habile dans la culture, se désigne de lui-même; il ne faut ni science ni génie pour que le fermier dise: voici l'homme qui me convient, il connaît tout ce qu'il faut à l'agriculture, il est honnête homme, il la protégera. Pour faire un bon choix, il ne faut que du bon sens, et tout le peuple en a, tous les gardes nationaux connaissent les hommes probes et utiles. Nous ne reviendrons pas sur ce que nous avons constaté souvent, que le peuple connaissait le mieux les besoins de l'industrie; mais s'il était vrai que le peuple fût ignorant, il faudrait qu'il pût nommer des hommes qui s'intéressassent à son sort et lui procurassent les moyens de sortir de son ignorance.

Quel bien aussi cette mesure va faire en France! le service de la garde nationale ne sera plus un devoir, mais un droit : tous les citoyens s'empresseront de se faire inscrire sur les rôles, tous les rangs se rempliront, le service ne sera plus indifférent ; et qui peut calculer et prévoir combien le pays gagnera en sûreté intérieure, et combien il trouvera de garantie, même pour des guerres extérieures, dans ces citoyens habitués aux armes? Ce ne sera plus aux peines qu'il faudra recourir pour contraindre les récalcitrants, et peut-être alors les citoyens auront-ils à veiller à ce que ceux qui n'ont pas le droit (car ce sera un droit dorénavant), le droit de faire partie de la garde nationale, ne puissent s'y incorporer. C'est ainsi qu'en liant les droits et les devoirs, on parvient à faire aimer ce qui était avant considéré comme une charge ; c'est par de tels moyens que l'on intéresse les citoyens à la chose publique.

Nous verrons cesser aussi toutes les fraudes, toutes les menées électorales : celui qui sera choisi sera vraiment l'élu de la nation; nul ne serait assez riche, assez puissant pour corrompre les électeurs, quand ils se trouveront au nombre de plusieurs mille, et la voix du représentant gagnera en dignité à mesure que seront plus nombreux ceux dont il défend les intérêts.

J'ai démontré les droits qu'avait tout garde national de concourir à la nomination des députés ; je me suis basé sur la justice et l'équité, sur la liberté de l'homme, sur les faits de notre histoire. Des publicistes célèbres, des princes et des rois ont reconnu ce principe ; aussi, n'en doutons pas, les députés, l'élite de la nation, ne peuvent le méconnaître.

A quoi sert ce droit, diront quelques indifférents? pourquoi nous imposer des dérangements dans nos travaux, des frais de déplacement? Citoyens, ne traitez jamais avec indifférence tout ce qui concerne vos droits politiques : par eux-mêmes ils ne présentent que des charges, mais derrière sont les droits civils, la liberté pour vous et vos enfants, l'exercice de votre industrie, la protection contre celui qui voudrait vous opprimer. Soyez jaloux des droits politiques : c'est un bouclier dont vous êtes constamment armé; il pèse sur le bras, il le fatigue quelquefois, mais aussi il arrêtera le dard qui irait vous frapper au cœur. Tout ce qui intéresse la France ne peut vous être indifférent : si votre pays était attaqué, on vous verrait courir à la frontière; vous repousseriez l'ennemi comme déjà vous avez fait en 92, et vous seriez fiers de sacrifier votre vie. Vous voulez l'indépendance de la nation : choisissez des hommes qui puissent la conserver ; veuillez sa prospérité, qui est la prospérité de chacun de vous, son bonheur qui est celui de tous les membres ; songez qu'il vous faut des hommes qui s'occupent de votre sort, protégent l'industrie, ouvrent de nouveaux débouchés à vos produits, vous donnent à bas prix la matière première, fassent porter l'impôt sur l'objet de luxe plutôt que sur l'objet de première nécessité; pensez qu'il y a des hommes dont le bonheur est de soulager les besoins du peuple, de lui trouver du travail, de lui donner de l'instruction, et que ces hommes ne seront jamais les députés choisis par les riches; et lorsque l'on vous dit : nommez vous-mêmes vos représentants, ne demandez pas: quelle utilité en retirerons-nous ?

Je ne viendrai pas vous dire que si la nomination des députés vous eût appartenu, bien des mauvaises lois n'eussent pas été votées, bien des abus seraient réformés; je ne veux pas soulever votre défiance contre les députés des riches. Je n'ai qu'une chose à vous dire : vous demandez à nommer vos représentants, c'est de toute justice; les députés sont les premiers à le reconnaître; ils en sont convaincus; eh bien, je vous le prédis, votre demande sera rejetée..... Ceux à qui vous vous adressez vous connaissent-ils? Ont-ils à défendre vos droits?

Citoyens, songez-y, toute la cause est là; quand votre demande aura été refusée, vous verrez de quelle importance elle était pour vous. Etre admis à nommer les députés avec les riches n'est pas nuire à ces derniers; ce n'est pas les priver d'une partie de leur fortune; mais quand les intérêts du peuple seront opposés à ceux de la classe riche, irez-vous vous adresser aux représentants des riches et leur dire : Jugez en notre faveur contre ceux dont vous êtes les élus. Qu'espérez-vous obtenir, quand vous aurez été repoussés dans une cause où les riches étaient sans intérêt ?

Cependant, citoyens, usez des moyens que vous présente la loi, couvrez les pétitions de vos signatures, ne négligez rien ; le droit de nommer vos représentants est le plus important ; il faut l'obtenir ; signez, signez tous ; ce n'est pas pour montrer votre nombre, tout le monde sait que vous composez presque la nation entière, que toute la force est dans vos mains, et qu'il ne dépend que de vous, de vous réunir et de déclarer que vous avez le droit de choisir vos députés, pour que ce droit vous appartienne. Vous composez la nation, et la nation peut toujours, surtout lorsqu'elle n'est pas représentée, déclarer sa volonté et faire sa constitution ; c'est un droit inaliénable ; mais signez, parce que vous ferez voir que vous connaissez vos droits, et un droit connu est un droit acquis. Signez tous, et la législature cédera enfin à la volonté générale. Vous n'avez besoin de recourir aux pétitions et de contraindre par l'unanimité de vos signatures, que pour le droit d'élection ; une fois électeurs, le mode de pétition vous devient inutile, vos vœux seront portés à la chambre par vos mandataires, vos intérêts y seront débattus contradictoirement, et les abus seront détruits sans secousse et sans trouble pour l'état. Citoyens, avec le droit d'élection vous obtiendrez tous ceux qui vous appartiennent; sans lui tous les autres sont inutiles. Signez donc.

Un demi-siècle s'est écoulé depuis que Sieyes, auquel nous devons l'institution de la garde nationale, s'était demandé ce qu'était le tiers-état, ce qu'il voulait être? « Il est tout, s'est-il répondu, jusqu'ici il n'a rien été, il veut être quelque chose. » Depuis ces paroles, deux révolutions ont passé sur notre sol; toutes deux faites par le peuple, toutes deux faites pour le peuple. Où est le prix de ces sacrifices, et du sang répandu? Où est le fruit de la victoire? Gardes nationaux, c'est vous qui avez lutté contre la tyrannie et l'avez vaincue; et je me demande aussi: Qu'êtes-vous dans l'Etat? — Partout je vois votre ouvrage, la liberté que la France vous doit, la paix que vous maintenez, la prospérité que vous conservez; partout je vois vos travaux et votre gloire: et vos droits, je ne les vois nulle part!

BIBLIOTHEQUE ROYALE
I

www.ingramcontent.com/pod-product-compliance
Lightning Source LLC
LaVergne TN
LVHW020306230826
846091LV00006B/2553

* 9 7 8 2 0 1 1 7 8 3 2 3 3 *